NOVENA
DE
SANTO ANTÔNIO DE SANT'ANA GALVÃO

Pe. AFONSO PASCHOTTE, C.Ss.R.

NOVENA
DE
SANTO ANTÔNIO DE SANT'ANA GALVÃO

EDITORA
SANTUÁRIO

Ilustrações de Tom Maia

ISBN 85-7200-561-7

IMPRIMA-SE
Por comissão do Arcebispo Metropolitano de Aparecida,
Dom Raymundo Damasceno Assis.
Pe. Carlos da Silva, C.Ss.R.

Aparecida, 20 de março de 2007

13ª impressão

Todos os direitos reservados à **EDITORA SANTUÁRIO** — 2024

Rua Padre Claro Monteiro, 342 — 12570-045 — Aparecida-SP
Tel.: 12 3104-2000 — Televendas: 0800 016 00 04
www.editorasantuario.com.br
vendas@editorasantuario.com.br

SANTO ANTÔNIO DE SANT'ANA GALVÃO, O ESCRAVO DA IMACULADA

Frei Galvão

Ao terminar a criação, vendo a beleza e o encanto do Vale do Paraíba, emoldurado pela Serra da Mantiqueira e cortado pelas poéticas sinuosidades do Rio Paraíba, Deus teria dito: "derramarei minha bênção sobre esta terra". A bênção especial foi a devoção à Imaculada Conceição de Maria, sob o título de Aparecida. Entre tantos que foram atraídos para Cristo pela Imaculada, destaca-se Santo Antônio de Sant'Ana Galvão.

Santo Antônio de Sant'Ana Galvão nasceu na cidade de Guaratinguetá, em 1739, e foi batizado na igreja matriz de Santo Antônio. Seu pai Antônio Galvão de França era natural da cidade de Faro, Portugal; e sua mãe, Maria Isabel de Barros, nascida na cidade de Santana do Parnaíba, viveu na fazenda Rio Acima, município de Pindamonhangaba. Ambos se casaram na Capela de Nossa Senhora do Rosário, daquela fazenda, a 11 de março de 1733. A família pertencia à elite da cidade

Casa de Frei Galvão

de Guaratinguetá. Seu pai, comerciante bem-sucedido, exerceu o cargo de sargento-mor em Pindamonhangaba e capitão-mor em Guaratinguetá. Lá comandava soldados, aqui conduziu os destinos da cidade como autoridade maior. Tiveram onze filhos, dos quais vingaram oito, sendo Antônio de Sant'Ana o quarto na ordem do nascimento, precedido por Isabel, Maria e José, o primogênito. Dois irmãos se destacaram na vida civil e militar, dando o nome Galvão de França a muitas gerações; as cinco irmãs distinguiram-se com farta decência sob o nome de Galvão de França unido a outros cognomes: Rangel, Castro, Barros etc. A distinção de Antônio foi a santidade de vida.

Escravo da Imaculada

Desde cedo, Antônio recebeu boa formação cristã no seio da família. Esta era de profunda piedade cristã, alimentando no lar grande devoção à Imaculada Conceição de Maria, à

Senhora Sant'Ana e a Santo Antônio. A devoção a Nossa Senhora Aparecida ajudou-o a crescer no amor à Mãe de Deus. Quando ele nasceu, a devoção já se havia propagado, e aos seis anos de idade, em 1745, inaugurava-se o Santuário de Aparecida. Aos dez anos, em 1749, seus pais estavam entre os membros fundadores da Irmandade de Nossa Senhora da Conceição Aparecida. Seu pai exerceu o cargo de Juiz da Irmandade entre 1750 e 1753. Toda a família, vestida com a opa branca da Irmandade, visitava o Santuário, onde devia participar anualmente da novena e da festa de Nossa Senhora Aparecida.

Matriz de Santo Antônio – Guaratinguetá

Santo Antônio de Sant'Ana Galvão desenvolveu sua devoção à Imaculada fazendo-se escravo de Maria, para melhor servir a Cristo e seus irmãos. Assinou com seu próprio sangue, a 9 de março de 1766, a célebre "Cédula Filial de Entrega a Nossa Senhora", consagrando-se de corpo e alma ao serviço da Imaculada.

Sacerdote, confessor e pregador

Antônio frequentou o célebre Colégio de Belém, dos padres jesuítas da cidade de Cachoeira, na Bahia. Iniciou os estudos em 1752, com treze anos de idade, voltando para Guaratinguetá depois de concluídos os estudos, em 1757. Entre 1758 e 1759 permaneceu com a família para decidir o caminho a seguir, pedindo, em seguida, sua admissão na Ordem Franciscana ao prior do convento franciscano em Taubaté.

No início do ano de 1760, Antônio viajou para a cidade de Macacu, RJ, onde fez o ano de Noviciado, recebendo o hábito franciscano a 13 de abril daquele ano. Na ocasião, acrescentou a seu nome de batismo o de Sant'Ana. Emitiu os votos religiosos no segundo trimestre de 1761. Contrariando o costume, logo após o Noviciado, em junho de 1762, foi ordenado sacerdote, na cidade do Rio de Janeiro. Mudou-se depois para São Paulo, onde estudou Filosofia e Teologia.

No convento franciscano de São Paulo, distinguiu-se pelo dom da palavra, como evangelizador; pelo dom do conselho, na direção espiritual; e como construtor da paz no seio das famílias e da sociedade.

Mosteiro da Luz – São Paulo

Foi tal seu zelo nessas funções que a própria Câmara de São Paulo o reconheceu como "homem preciosíssimo à Capitania, porque nele todos encontram auxílio eficaz para suas necessidades espirituais, sendo seu maior benefício a paz".

Sua grande obra foi a fundação e a construção do Mosteiro da Luz. Ali ele deixou os traços luminosos de sua santidade de vida. Após sua morte, ocorrida a 23 de dezembro de 1822, todos o aclamaram como 'frade santo'. Foi beatificado em 1998, pelo Papa João Paulo II, e canonizado em 2007, pelo Papa Bento XVI, com o título de Santo Antônio de Sant'Ana Galvão.

Pe. Júlio João Brustoloni, C.Ss.R.

Igreja do Convento Franciscano de N. S. das Graças, Guaratinguetá

Oração para todos os dias da novena

A novena inicia-se sempre com o sinal da cruz e logo em seguida faz-se a intenção, o pedido ou o agradecimento. Faz-se depois a invocação:
— **Santo Antônio de Sant'Ana Galvão, rogai por nós!**

No final de cada dia da novena, faz-se a oração ao Beato, como segue:

— Santo Antônio de Sant'Ana Galvão, Deus fez em ti maravilhas e através de ti anunciou o Evangelho do amor, do acolhimento e da misericórdia para com os mais fracos e sofredores. Com o coração agradecido por tão grande dom à nação brasileira, nós te pedimos: intercede por nós junto a Deus para que possamos vivenciar na comunidade eclesial os valores evangélicos que de modo tão heroico viveste. Dá-nos a coragem e perseverança na fé e abertura ao Espírito Santo Deus, para que possamos ser sal da terra e luz do mundo. Amém.
(Pai-nosso, Ave-Maria e Glória ao Pai)

Primeiro dia

Palavra de Deus

"Houve um homem enviado por Deus de nome João. Veio para dar testemunho, para testemunhar a luz, a fim de que todos cressem por ele. Não era a luz, mas veio para dar testemunho da luz" (Jo 1,6-8).

Reflexão

Deus sempre envia mensageiros para falar e agir em seu nome no meio do povo. São os profetas de ontem e de hoje. Escolhe-os de todos os povos e nações. Dá-lhes uma missão especial, que realizam a toda prova e a todo custo. Embebidos do zelo por Deus e pelo seu Reino, atiram-se à missão, testemunhando, com a palavra e com a vida, o Deus vivo e verdadeiro, e conduzindo, assim, os homens à fé. Houve um homem enviado por Deus de nome Antônio Corrêa Galvão de França. Mais tarde Frei Galvão e hoje Santo Antônio de Sant'Ana Galvão. Por onde passou, brotaram sementes de vida e de vida em abundância.

Oração

Deus, nosso Pai, que no vosso amor imenso nos destes Santo Antônio de Sant'Ana Galvão e através dele realizastes obras admiráveis, nós vos agradecemos tão grande presente. Obrigado, Senhor, pela sua vida, pela sua obra grandiosa. Obrigado, Senhor, por lembrar-vos de nós, através de vosso servo e nosso irmão Santo Antônio de Sant'Ana Galvão. Ajudai-nos a sermos testemunhas vossas no meio do mundo. Que nossa vida seja palavra e sinal do vosso Reino. Por Cristo Nosso Senhor. Amém.

Segundo dia

Palavra de Deus

"O menino crescia e se fortalecia, cheio de sabedoria, e a graça de Deus estava com ele" (Lc 2,40).

Reflexão

Ninguém nasce pronto. Todo mundo nasce pequeno e faz um caminho de crescimento para a estatura adulta. Assim vamos nos aperfeiçoando, nos construindo. Não fazemos isto sozinhos. Dependemos da natureza, das pessoas que nos dão o alimento que faz crescer nosso corpo, nossa inteligência, nossa fé.

A família de Santo Antônio de Sant'Ana Galvão pôde dar-lhe o pão de cada dia, pôde dar-lhe uma boa formação humana e cultural e principalmente a educação para a fé. Ele vivenciou os valores evangélicos, de modo especial o amor para com os pobres, traduzidos em gestos de partilha e de solidariedade.

Oração

Deus, nosso Pai, ajudai-nos a crescer em sabedoria, idade e graça. Ajudai-nos a crescer cada vez mais na vivência concreta e histórica do amor fraterno, partilhando o que somos e o que temos de modo especial com os mais necessitados. Fazei-nos instrumentos de vosso amor: onde houver pobres, marginalizados e necessitados, que levemos, como Santo Antônio de Sant'Ana Galvão, o pão da presença amiga e solidária, que se traduz em gestos concretos de solidariedade e de promoção à vida. Por Cristo Nosso Senhor. Amém.

Terceiro dia

Palavra de Deus

"Vinde comigo, farei de vós pescadores de homens. E logo, abandonando as redes, eles o seguiram" (Mc 1,17-18).

Reflexão

Deus não quer ninguém de braços cruzados. Ele passa por cada um de nós e convida-nos a uma missão. Somos trabalhadores do Reino e operários da messe do Senhor. Um desses operários é o padre, chamado a realizar o serviço de coordenar, congregar, santificar e levar a comunidade a verdes pastagens, às águas tranquilas (Sl 22). É o serviço de ser pai na fé, gerando, no Espírito, filhos e filhas na graça de Cristo. Santo Antônio de Sant'Ana Galvão viveu este serviço. Foi padre, pai de um povo. Com sua palavra e ação santificou o povo de Deus.

Oração

Senhor, eis-nos aqui. Enviai-nos! Despertai-nos para as necessidades de evangelização, pois a messe é grande e poucos os operários. Fazei que descubramos nosso lugar na Igreja de vosso Filho Jesus, e que abracemos com coragem e fidelidade a missão a que nos destinastes. Pedimos, de modo especial, que nos envieis padres para nossas comunidades. Enviai-nos, vos pedimos, santos pastores para o vosso rebanho. Por Cristo, nosso Senhor. Amém.

Quarto dia

Palavra de Deus

"Ele me encarregou de construir para ele um templo em Jerusalém, da Judeia. Quem dentre vós pertence ao conjunto de seu povo? Pois que seu Deus esteja com ele e suba a Jerusalém que fica na Judeia, para ajudar na construção do templo do Senhor, o Deus de Israel" (Esd 1,2-3).

Reflexão

Santo Antônio de Sant'Ana Galvão construiu a casa de Deus no coração das pessoas. Com sua palavra instruiu, aconselhou e despertou tantas pessoas para a fé e para a vida eclesial. Com seu espírito de acolhida e hospitalidade fez com que as pessoas se sentissem bem, abrissem seu coração e fossem curadas de suas enfermidades. Santo Antônio de Sant'Ana Galvão construiu o Mosteiro da Luz. A casa de Deus, como bandeira levantada na cidade de São Paulo. O Mosteiro da Luz, oásis no deserto da grande cidade, onde as pessoas eram convidadas a parar e beber da água para continuar sua caminhada.

Oração

Senhor, dai-nos acolher com o coração alegre todos os irmãos que passam pela nossa vida, buscando paz, alegria, palavra de conforto e presença amiga. Que ninguém, passando por nós, continue seu caminho de sofrimento e de dor. Ajudai-nos, pela intercessão de Santo Antônio de Sant'Ana Galvão, a construir uma comunidade de irmãos, onde todos vivam com profundidade o mandamento do amor ao próximo. Que todos nós, a exemplo de Santo Antônio de Sant'Ana Galvão, nos disponhamos a edificar o Reino de Deus, reino de justiça, de amor e de paz. Amém.

Quinto dia

Palavra de Deus

"No sexto mês, o anjo Gabriel foi enviado da parte de Deus para uma cidade da Galileia, chamada Nazaré, a uma virgem, prometida em casamento a um homem chamado José, da casa de Davi. E o nome da virgem era Maria. E entrando, disse-lhe o Anjo: 'Alegra-te, cheia de graça, o Senhor está contigo!'... Eis que conceberás em teu seio e darás à luz um filho, e lhe darás o nome de Jesus" (Lc 1,26-28.31).

Reflexão

Santo Antônio de Sant'Ana Galvão foi muito devoto de Nossa Senhora, de modo especial sob o título de Imaculada Conceição. Descobriu o valor de Maria para sua vida cristã. Contemplou de modo especial sua imaculada conceição e viveu com o coração agradecido a Deus por nos ter dado tão insigne mãe. Santo Antônio de Sant'Ana Galvão colheu da Imaculada a necessidade de segui-la, por uma vida santa, longe do pecado. Deus nos quer santos e imaculados, a seus olhos e aos olhos de nossos irmãos.

Oração

Senhor, que em Santo Antônio de Sant'Ana Galvão nos despertais para o amor e para a devoção a vossa Mãe Santíssima, ajudai-nos a venerá-la sempre como Imaculada e a proclamá-la com nossa palavra e principalmente com a nossa vida, sua santidade e graça. Fazei que sejamos sempre seus filhos e que a ela recorramos sempre, agora e na hora de nossa morte.

Sexto dia

Palavra de Deus

"Há diversidade de dons, mas um mesmo é o Espírito. Há diversidade de ministérios, mas um mesmo é o Senhor. Há diferentes atividades, mas um mesmo é Deus que realiza todas as coisas em todos. A cada um é dada a manifestação do Espírito em vista do bem comum" (1Cor 12,4-7).

Reflexão

Santo Antônio de Sant'Ana Galvão foi um homem movimentado pelo Espírito Santo de Deus. O Espírito nele fez morada, enriquecendo-o de dons e ele os colocou a serviço da construção da Comunidade. Santo Antônio de Sant'Ana Galvão nos ensina a acolher os dons-carismas do Espírito Santo e a exercitá-los em benefício da Comunidade. Ele pede que sejamos sempre fiéis servidores do Espírito, deixando que ele nos leve e sopre, através de nós, onde quiser. Que Frei Galvão nos ajude a ser abertos ao Espírito Santo de Deus. Então toda a face da terra será renovada.

Oração

Senhor, que derramastes vosso Espírito Santo em Santo Antônio de Sant'Ana Galvão e nele e através dele operastes maravilhas, derramai sobre nós vosso Espírito, reacendendo em nós o fogo do amor, do ardor missionário. Senhor, que não sejamos egoístas, vangloriando-nos dos dons recebidos e usando-os em nosso favor. Fazei que nos doemos inteiramente ao serviço de nossos irmãos e que, através de nós, vós sejais glorificado e vosso reino implantado em tantos corações.

Sétimo dia

Palavra de Deus

"Mas como invocarão aquele em quem não creram? E como crerão sem terem ouvido falar? E como ouvirão falar, se não houver quem pregue? E como pregarão, se ninguém for enviado? Como está escrito: Quão belos são os pés dos que anunciam o bem" (Rm 10,14-15).

Reflexão

Santo Antônio de Sant'Ana Galvão tinha o dom da palavra, constituindo-se em exímio pregador. Foi também convidado a pertencer à Academia de Letras de São Paulo. Foi poeta e latinista exímio. A pregação-anúncio da Palavra provoca a fé: as pessoas escutam a Boa Nova, convertem-se e começam a fazer o caminho de Jesus, na comunidade eclesial. Hoje, mais do que nunca, a Igreja precisa de pregadores, de anunciadores da Palavra. Peçamos ao Espírito Santo que nos envie santos e corajosos pregadores da Palavra, como foi nosso Santo Antônio de Sant'Ana Galvão.

Oração

Deus, nosso Pai, que nos destes vossa Palavra em Cristo Jesus, nós vos pedimos que sejamos campo pronto e preparado para receber vossa mensagem. Dai-nos santos e sábios semeadores da Boa-Nova, para que em todos os corações floresçam as sementes do Reino plantadas pelos vossos anunciadores. Conservai e fortalecei todos aqueles que semeiam a vossa Palavra em nossas comunidades. Pedimos, por Jesus, vossa Palavra feita carne, na unidade do Espírito Santo. Amém.

Oitavo dia

Palavra de Deus

"*Pela fé Abraão, ao ser chamado, obedeceu e saiu para a terra que havia de receber por herança, mas sem saber para onde ia. Pela fé morou na terra da promissão como em terra estrangeira, acomodando-se em tendas, do mesmo modo que Isaac e Jacó, coerdeiros da mesma promessa*" (Hb 11,8-9).

Reflexão

Santo Antônio de Sant'Ana Galvão foi um homem de fé. Respondeu ao chamado de Deus e, obedecendo, realizou sua vontade, numa missão vivida na fé e na fidelidade. Santo Antônio de Sant'Ana Galvão nos ensina que devemos estar à disposição de Deus e de sua vontade. O que Deus quer de cada um de nós? Para onde Deus está nos levando? Por quais caminhos Deus nos leva? O importante é colocar-se à sua disposição, fazendo aquilo que ele nos pede e acolhendo a missão que ele confia a cada um de nós.

Oração

Senhor, nós vos pedimos, aumentai nossa fé! Fazei que nos coloquemos diante de vós como vossos fiéis servidores. Fazei que sejamos obedientes à vossa Palavra e que aceitemos, com alegria, o caminho que nos desenhais. Dai-nos força e coragem para não desanimarmos diante das dificuldades e que perseveremos sempre na escuta e vivência de vosso Evangelho. Por Nosso Senhor Jesus Cristo, na unidade do Espírito Santo. Amém.

Nono dia

Palavra de Deus

"Pela fé, outros suportaram escárnio e açoites e ainda cárceres e cadeias. Foram apedrejados, torturados, serrados, e morreram a fio de espada, andaram errantes, cobertos com peles de ovelha e de cabra, necessitados, atribulados, maltratados" (Hb 11,36-37).

Reflexão

Jesus disse que quem quisesse vir atrás dele devia renunciar a si mesmo, tomar a sua cruz e segui-lo. Seguir Jesus, fazendo o que o Pai quer, exige de nós morte para muitas coisas. Ele mesmo experimentou o sofrimento, a perseguição, a cruz, por causa de sua obediência ao Pai. Jesus foi forte e não cedeu às pressões, às calúnias. Foi até o fim, no seu ato de obediência ao Pai. Com Santo Antônio de Sant'Ana Galvão não foi diferente: ele também colheu as consequências alegres e também tristes de sua obediência à vontade de Deus. Foi forte e resistiu na fé aos ataques do mal. Foi fiel até o fim, mesmo dentro das dificuldades.

Oração

Senhor, somos caminheiros. E nesta caminhada sentimos o cansaço e muitas vezes o desânimo. São muitos os tropeços. Dai-nos o Espírito de fortaleza, de coragem e de ousadia evangélica, que nos dê a resistência da fé diante das forças do mal. Ajudai-nos a caminhar unidos na fé, na esperança e no amor, como povo de Deus a caminho; ajudai-nos a atravessar o deserto da vida, dando-nos o pão de vossa palavra e de vossa presença; ajudai-nos a ser sinais e testemunhas vossas diante do mundo, proclamando Jesus como caminho, verdade e vida. Amém.

Este livro foi composto com as famílias tipográficas Univers e ITC Galliard e impresso em papel offset 75g/m² pela **Gráfica Santuário**.